Henri [illegible]ANT et Adolphe MOUSSET

Le Paradis de Mahomet

COMÉDIE-VAUDEVILLE EN UN ACTE

PRIX : UN FRANC

PROPRIÉTÉ DES AUTEURS

PARIS

[illegible]

EN VENTE CHEZ CHAVAT, ÉDITEUR

[illegible], FAUBOURG SAINT-DENIS

LE PARADIS DE MAHOMET

COMÉDIE-VAUDEVILLE EN UN ACTE

Henri TINANT et Adolphe MOULLET

Le Paradis de Mahomet

COMÉDIE-VAUDEVILLE EN UN ACTE

Prix net : UN FRANC

PROPRIÉTÉ DES AUTEURS

PARIS

Au Diapason

EN VENTE CHEZ CHAVAT, ÉDITEUR

11, FAUBOURG SAINT-DENIS

LE PARADIS DE MAHOMET

COMÉDIE-VAUDEVILLE EN UN ACTE

AVIS IMPORTANT

PERSONNAGES

ONÉSIME GRAPPINOT, huissier .

MOULASSIER, clerc . . . . .

TRIMARDON, clerc . . . . .

BENJAMIN, garçon livreur . . .

URSULE BOURNICHON, patronne.

AGLAÉ TREMPLIN, première . .

EMMA, couturière. . . . . .

CLAIRE VAUX, couturière . . .

JEANNE HOSEPAS, couturière. .

ALICE MOIFAIRE, couturière . .

La scène de nos jours, à Paris.

DÉCOR

Un atelier de couturier pour théâtre.

Portes au fond, à droite et à gauche. Fenêtres avec rideaux. Table au milieu, plusieurs chaises. Un canapé à droite, 1ᵉʳ plan. Meubles divers. Mannequins. Cheminée avec glace et candélabres.

LE PARADIS DE MAHOMET

COMÉDIE-VAUDEVILLE EN UN ACTE

SCÈNE PREMIÈRE

AGLAÉ, EMMA, CLAIRE, JEANNE, ALICE

(Au lever du rideau, elles sont assises autour de la table et travaillent).

CHŒUR

Air des Noces de Jeannette :

Cours mon aiguille dans la laine.

En cousant la soie et la laine,
Nous nous piquons souvent les mains,
Tout ça pour parer des mann'quins.
Ça n'en vaut vraiment pas la peine.

EMMA

Ben vrai, ça n'a pas l'air gai ce matin. On dirait qu'on travaille pour la peau.

CLAIRE

Dame ! ça n'a pas l'air de ronfler en ce moment.

JEANNE

Ça sent le désastre.

ALICE

Et la purée ! Ah ! ce qu'on se rase dans cette boîte.

EMMA

Avec ça... la patronne est d'une humeur !..

CLAIRE

On dirait toujours qu'elle a marché sur un... créancier.

AGLAÉ

Allons, allons, mesdemoiselles, pas de rosseries.

JEANNE

Mais enfin, qu'est-ce qu'elle a à nous faire un citron pareil ?

AGLAÉ

Ce qu'elle a... Eh ! parbleu, c'est facile à comprendre... Les affaires ne vont pas.

EMMA

Ça se voit... Elle ne sait plus quoi nous donner à faire...

CLAIRE

Et puis, dites donc ?.. voilà la fin du mois qui rapplique... gare l'échéance !

JEANNE

Moi... pourvu qu'elle m'aboule ma galette... je m'en fiche.

AGLAÉ

Bah ! ce n'est pas la peine de vous faire de la bile d'avance... Laissons çà et parlons de choses plus gaies...

ALICE

Vous avez raison, mamzelle Aglaé... Rigolons... On
verra bien après... Vous vous êtes bien amusée, hier?

AGLAÉ

Bien sûr, que je me suis amusée... petite curieuse !

EMMA

Avec votre amoureux ?

AGLAÉ

Naturellement ! Avec qui vouliez-vous que ce soit ?

CLAIRE

Oh ! racontez-nous ça... pendant que le loup n'y est
pas.

AGLAÉ

Je veux bien... mais vous savez... c'est entre nous.

COUPLETS

Air : *Quand on a travaillé.*

I

Sam'di, mon amant m' dit : Mon adorée,
Tu perds tes couleurs, j'en ai du chagrin;
Si tu veux dimanche quitter ta carrée,
Nous fuirons Paris par le premier train.
Comm' deux amoureux, nous f'rons la dînette
Sur l'herbe fleurie auprès d'un ruisseau,
Puis nous chercherons la feuille discrète
Où l'on peut s'aimer sous les verts rameaux.

REFRAIN

En chœur.

Quand dans un atelier
On trim' des mois entiers,
On peut bien franchement
Prendre un peu d'agrément.
Quand dans un atelier
On trime des mois entiers,
L' dimanche on peut s'offrir
Un' bonn' petit' partie d' plaisir.

AGLAÉ

II

Le lend'main matin selon notr' programme
Nous filions tous deux au loin nous prom'ner,
Ivres de grand air et le cœur en flamme.
Ce fut ravissant jusqu'au déjeuner.
Mais l'après-midi, voilà qu'un déluge
Arros' notr' roman qui marchait si bien;
Pour le continuer nous cherchons refuge
Dans une cahute au bord du chemin.

CHŒUR

Reprise du refrain.

AGLAÉ

III

Nous étions heureux quand l' propriétaire
Un vieux cantonnier, vient nous déranger
Et voyant l' tableau, fait un' telle affaire
Que j'ai cru qu' c'était Monsieur Bérenger.
Pour combl' de bonheur, le garde champêtre
Qui nous avait vus dress' procès-verbal.
Devant l' tribunal faudra comparaître.
Moi, j'ai rigolé... ça m'est bien égal.

CHŒUR

Reprise du refrain.

(Rire général).

JEANNE

Mince alors, en voilà une fête !

ALICE

Oh ! là ! là ! j' vois d'ici le tableau.

(Toutes se tordent).

SCÈNE II

LES MÊMES, BENJAMIN

BENJAMIN, *entrant, les voyant rire, fait le Jocrisse.*

Hi ! hi ! hi !

(Les rires redoublent, il se met à danser et à chanter).

> Y a qu'aux Batignolles
> Qu'on rigole... qu'on rigole.
> Y a qu'aux Batignolles
> Qu'on rigol' comme ça !

(Toutes font le rondeau autour de Benjamin en reprenant le refrain de la chanson d'Aglaé).

BENJAMIN

A la bonne heure, vous êtes gaies aujourd'hui... passez-moi ma part, dites ?

ALICE

Donnez-y en !

EMMA

Toi, l'enflé ! . Ça ne te regarde pas.

AGLAÉ, *à Emma.*

Voulez-vous vous taire, effrontée.

EMMA

Ben quoi ? Benjamin, ça ne compte pas.

CLAIRE

D'abord c'est notre amoureux... pas, mon petit Jamin ?

BENJAMIN

Oh ! voui... je vous aime toutes.

JEANNE

En voilà un goinfre.

AGLAÉ, *à Benjamin.*

En attendant, qu'est-ce que vous voulez, don Juan ?

BENJAMIN

Ben dame... je viens, comme tous les matins, voir s'il y a des livraisons à faire.

ALICE

Des livraisons ? Ben, mon cochon, t'as pas la trouille !

AGLAÉ

Vous savez bien qu'on n'en fait plus... En ce moment, nous n'habillons que les mannequins de la vitrine.

BENJAMIN

Je le sais bien, parbleu.... mais je viens tout de même par habitude... et puis, ça me fait tant de plaisir de vous voir... ça me réchauffe le cœur.

AGLAÉ

Voyez-vous ça... Eh bien, tenez, puisque vous n'avez rien à faire, asseyez-vous là et racontez-nous des histoires.

TOUTES

Oui... oui... c'est ça, chouette !

ALICE

Vas-y, Jamin!.. *(Benjamin s'assied au milieu d'elles)*.

AGLAÉ

Pas tant de potin.... Vous allez réveiller la singesse.

BENJAMIN

Vous me permettez de vous faire la cour ?..

TOUTES

Oui... oui... C'est entendu !

BENJAMIN

Eh bien! alors, je commence.... Il était une fois...

EMMA

Attends... Avant de commencer, ma crotte en or, laisse-moi te faire belle. *(Elle lui arrange les cheveux d'une façon grotesque)*.

BENJAMIN, *soupirant.*

Ah! c'est bon!

CLAIRE

Dis donc, Emma? Prends pas tout, hein?

(Elle fait à Benjamin un nœud de cravate énorme avec un ruban).

BENJAMIN, *à Claire.*

Pleure pas, ma petite Clairette, t'en auras aussi.

JEANNE

Attendez donc, il manque quelque chose.

(Elle met un nœud de ruban dans les cheveux de Benjamin).

ALICE

Oh! non, il est trop beau, on va nous l'enlever!

AGLAÉ

Les chevaux de bois vont en bâiller.

BENJAMIN

Alors, je vous plais comme ça?

EMMA, *l'embrassant.*

Tiens, mon mignon, tu es à croquer.

BENJAMIN

O bonheur!

CLAIRE, *l'embrassant.*

Mon gros chéri! Tu es épatant!

BENJAMIN

O amour !

JEANNE, *l'embrassant.*

Gros chienchien ! Tu nous fascines !

ALICE, *même jeu.*

Amour ! amour ! Tu nous rends folles !

BENJAMIN

Ah ! vous me chatouillez, hi ! hi ! hi !

AGLAÉ

Ah ! il est chatouilleux... C'est bon à savoir.

(*Toutes le chatouillent en le poursuivant*).

BENJAMIN, *se trémoussant et ne sachant où se fourrer.*

Air : *J' vas l' dire à maman.*

Ne m' chatouillez pas !
Ne m'chatouillez pas !
Sous l'aisselle
Ou j'appelle.
Si vous m' faites rigoler,
J' pourrai plus m'amuser.

SCÈNE III

LES MÊMES, URSULE

URSULE, *entrant en peignoir du matin.*

En voilà un chahut !..

AGLAÉ, *à part.*

Pigées ! Gare la bombe !

(Toutes se précipitent à leur travail, Benjamin prend un air innocent).

URSULE, *riant.*

Trop tard, mes poulettes, je vous ai vues… Oh ! les petites folles ! Et ce grand nigaud-là… Regardez-moi cette binette !

EMMA, *à part.*

Comment ? elle ne gueule pas !

CLAIRE, *à part.*

Il y a quelque chose là-dessous.

JEANNE, *à part.*

Ouvrons l'œil et le bon.

URSULE, *aimable.*

Laissez donc ça, mes mignonnes. Ça n'est pas la peine de vous éreinter… pour ce qu'il y a à faire.

ALICE, *à part.*

Décidément, c'est louche !…

URSULE

Mes chéries, je suis très contente de vous voir d'une gaieté pareille. Aussi, aujourd'hui, j'ai résolu de vous faire une surprise.

TOUTES, *étonnées.*

Ah ! vraiment ?

URSULE

Je vous donne congé... et nous allons faire la fête ensemble.

TOUTES

Vive la patronne !

BENJAMIN

Eh bien ! et moi ?..

URSULE

Vous aussi, beau frisé... Vous êtes nécessaire à mes projets...

AGLAÉ

Ah ! madame a des projets ?

URSULE

Epatants ! ma chère, d'ailleurs, je vais tout vous dire.

TOUTES, *se rapprochant.*

Ah ! voyons !..

URSULE

Si vous étiez des dindes, je pourrais chercher à vous monter le coup... mais, c'est inutile... Vous avez remarqué, n'est-ce pas, que ça ne biche plus à l'usine ?..

AGLAÉ

En effet, nous le savons.

BENJAMIN

Faudrait être bien gourde pour ne pas s'en apercevoir.

URSULE

Eh bien! mes poulettes, c'est encore plus grave que vous ne le croyez.

TOUTES, *inquiètes.*

Ah bah !.. Alors?

URSULE

C'est la purée complète... Voilà...

BENJAMIN

Boum! Badaboum !.. Qu'est-ce que nous prenons ?

URSULE

Figurez-vous que depuis un mois, je suis bombardée de papiers timbrés...

BENJAMIN

C'est la chute des feuilles... Je connais ça...

URSULE

J'ai épuisé toute la série... les derniers délais sont expirés... et aujourd'hui.

TOUTES

Et aujourd'hui ?..

URSULE

Je m'attends à être saisie...

AGLAÉ

Et vous ne protestez pas?..

URSULE

Hélas ! mon huissier ne fait que ça... Je ne protesterai
jamais autant que lui.

ALICE

Ah ! le mufle !

BENJAMIN

C'est une catastrophe.... mais je suis là... moi. Ça ne se
passera pas comme ça.... Où est-il ce sale huissier que je
le crève ! *(Il prend une chaise et la brandit)*. Mais viens-y
donc, hé ! feignant !

ALICE

Oh ! la ferme ! Jamin.... la ferme !

TOUTES

La ferme, Jamin ! la ferme !...

URSULE

Calmez-vous, Benjamin.... la violence gâterait tout. J'ai
une idée bien plus drôle... et si vous voulez tous m'aider...
je vous promets que nous allons le rouler dans les grandes
largeurs et nous payer une bosse de rigolade...

TOUS

Bravo ! bravo !

URSULE

J'ai tout préparé... Et puisque nos costumes ne se vendent pas... ils vont nous servir autrement.

EMMA, à part.

C'est donc pour ça qu'elle était si gentille !

URSULE

Eh bien ! qu'en dites-vous ? Ça vous va-t-il ?

TOUTES

Oui ! Oui !

BENJAMIN, sautant.

Chouette ! on va rigoler !

URSULE

Vous me promettez de faire ce que je vous dirai ?

TOUS

Nous le jurons !..

Air des *Conspirateurs* de **Madame Angot** :

> Puisqu'on nous traque
> Marchons en chœur,
> Pour la baraque
> Dans le malheur.
> Sans avoir cure
> Il faut scier
> La procédure
> Et les huissiers.

BENJAMIN

Patronne, comptez sur moi. Que faut-il que je fasse ?

URSULE

D'abord, Benjamin, retirez ces rubans... et...

BENJAMIN

Ça ne me va donc pas ?

URSULE

Si... ça convient à votre genre de beauté... mais ce n'est pas assez sérieux...

BENJAMIN

Très bien, patronne... J'obéis.

(Il se débarrasse).

URSULE

Bien... Maintenant, écoutez tous *(On l'entoure.)* Voici ce que vous allez faire *(On sonne.)* Patatras, les voilà !... Vite ! suivez-moi dans ma chambre. Je vous expliquerai mon plan... Vous, Benjamin, recevez-les ici et tâchez de les retenir un quart d'heure... Gagnez du temps par tous les moyens possible... Vous avez compris ? *(On resonne).*

(Pendant ce temps, les ouvrières ramassent leur ouvrage).

BENJAMIN

Soyez tranquille, patronne. Je vais leur tailler une barbe qui ne sera pas dans un sac.

URSULE

C'est bien... Je vous dirai le reste après... Allons, mes cocottes, venez vite.

(Elles sortent toutes sur la pointe des pieds, et reprennent le chœur en sourdine).

Puisqu'on nous traque, etc...

(On resonne).

BENJAMIN

Maintenant, allons recevoir les ours, et tâchons de nous les envoyer proprement !

(Il va ouvrir).

SCÈNE IV

BENJAMIN, GRAPPINOT, MOULASSIER, TRIMARDON

GRAPPINOT *entre, suivi de deux clercs portant chacun une serviette sous le bras.*

(A Benjamin.) Ah ! ça... mon garçon... on dort donc chez vous... Il vous en faut du temps pour ouvrir.

BENJAMIN, *l'air hébété.*

Comment ! ces messieurs ont failli attendre.... Je croyais pourtant m'être précipité au premier coup de sonnette.

GRAPPINOT

Au premier coup... Nous avons sonné trois fois...

BENJAMIN

Eh bien ! c'est bien ça... Vous êtes trois... Ça ne fait qu'un coup chacun.

GRAPPINOT

C'est bien... c'est bien... Ne cherchez pas à faire de l'esprit... Ça ne vous va pas... et puis, nous n'avons pas le temps... nous sommes pressés...

BENJAMIN

Vous êtes pressés... En ce cas, messieurs, je ne vous retiens pas. Je serais désolé de vous retarder... les affaires avant tout.

GRAPPINOT

Nous en avons une à terminer ici d'abord... Madame Bourmichon est-elle là ?

BENJAMIN

Oui, Monsieur... Seulement, en ce moment, Madame s'habille... et je crois que, pour rien au monde, Madame ne consentirait à se présenter en négligé, devant des personnes de qualité... car, si j'en juge d'après l'extérieur de ces messieurs...

GRAPPINOT

Cela suffit... pas tant de phrases... Je suis maître Grappinot, huissier, et je viens saisir.

BENJAMIN, *levant les bras.*

Ah ! j'en suis saisi !...

GRAPPINOT, MOULASSIER, TRIMARDON

CHŒUR

Refrain de la *Marche des Cambrioleurs.*

On tremble de frayeur
En voyant nos têtes, têtes.
Nous traquons les farceurs,
Qui n' payent pas leurs dettes, dettes.
C'est nous qui poursuivons
Et puis qui saisissons
Tous les clients
Récalcitrants.
Mais quand on est débiteur,
On dit que c'est une horreur...
Lorsque les créanciers
Vous envoi'nt les huissiers.

BENJAMIN

Comment, Monsieur est huissier... Oh ! quel sale... quel sale métier Monsieur fait là... Voyons, vous ne pouviez pas faire autre chose ?...

GRAPPINOT

Vous êtes un idiot, mon ami... ou je crois que vous vous fichez de moi.

BENJAMIN

Oh ! on voit bien que Monsieur ne me connaît pas !...

GRAPPINOT

C'est vrai, au fait... Qui êtes-vous ?

BENJAMIN

Depuis que je suis venu au monde... c'est-à-dire le jour

de ma naissance... on m'appelle Benjamin... Jamin pour
les dames .. et je suis garçon livreur.

GRAPPINOT

Ah ! vous êtes garçon livreur.... Eh bien ! vous allez commencer par nous livrer la place... et ne pas nous ennuyer
avec vos sornettes.

BENJAMIN

D'abord, je fais remarquer à Monsieur que je n'ai pas de
sornettes... C'est bon pour les serpents... c'est pour cela
qu'on les appelle des serpents à sornettes... hé ! hé ! hé !

(Il rit bêtement).

GRAPPINOT

En voilà assez, vous dis-je... et puisque votre patronne
n'est pas là... nous nous passerons d'elle. *(Aux clercs.)*
Installez-vous...

MOULASSIER

Bien, Monsieur Grappinot... *(Il installe sa serviette et en
tire des papiers.)* Etes-vous prêt, Trimardon ?

TRIMARDON

Oui, Moulassier.

BENJAMIN

Pardon, lequel de vous deux... est le Moulassier ?

MOULASSIER ET TRIMARDON, *ensemble.*

Oh ! la ferme !

BENJAMIN, *bébête*.

Quelle ferme ?

GRAPPINOT

La ferme... Fichez-nous la paix... *(Aux clercs.)* Ecrivez... *(Dictant.)* Parlant à la personne du garçon livreur... lequel nous a répondu qu'il n'avait pas de fonds pour payer...

BENJAMIN

Pardon, je n'ai pas dit ça...

GRAPPINOT

Eh bien ! avez-vous des fonds pour payer ?...

BENJAMIN

Monsieur ne me l'a pas demandé.... C'est des fonds qu'il vous faut... Il y a dans le magasin une trentaine de vieux fonds de culotte... Si Monsieur en veut... Ça débarrassera bien Madame Bournichon.

MOULASSIER ET TRIMARDON

Oh ! la barbe !...

BENJAMIN

Quelle barbe ?

GRAPPINOT

Vous êtes un crétin, mon ami. Fichez-nous la paix ou je vous expulse... *(Aux clercs.)* Continuons... La formule d'usage... Bien !... En foi de quoi, j'ai saisi... Dans la première pièce servant... *(A Benjamin.)* Où sommes-nous dans cette pièce ?

BENJAMIN

Ici... c'est l'atelier...

GRAPPINOT

Ah! c'est l'atelier... On n'y travaille pas souvent à ce qu'il paraît...

BENJAMIN

Oh! si, Monsieur... mais, en ce moment, ces demoiselles sont toutes au salon, en train d'essayer... Elles vont venir, vous allez voir comme elles sont gentilles...

MOULASSIER, *se levant.*

Des femmes...

TRIMARDON, *idem.*

Bath!... on va rigoler.

GRAPPINOT

Ah! elles sont gentilles!... *(A part.)* Qu'est-ce qu'il me fait dire, cet imbécile-là... *(Aux clercs.)* Voulez-vous vous asseoir. vous deux. *(Les clercs obéissent. Dictant.)* J'ai saisi une table.

MOULASSIER ET TRIMARDON, *répétant.*

Une table...

BENJAMIN

Oh! pour cette table! Je supplie Monsieur de ne pas la saisir... C'est un souvenir de famille... une table historique.

GRAPPINOT

Une table historique?...

BENJAMIN

Parfaitement... Tout ce qu'il y a de plus historique... C'est là-dessus qu'a été signée l'abdication du roi Charles-Quint...

GRAPPINOT, *l'examinant.*

Pour qui me prenez-vous ?... C'est du moderne...

BENJAMIN

Ça prouve qu'on en faisait déjà de ce temps-là...

GRAPPINOT, *se contenant.*

Vous... vous commencez à m'horripiler...

BENJAMIN

Je fais cependant tout ce que je peux pour satisfaire Monsieur... Monsieur est bien ingrat pour moi.

GRAPPINOT, *éclatant.*

Mille millions de protêts !... Allez-vous en, ou je vous étrangle !

SCÈNE V

LES MÊMES, URSULE

URSULE, *entrant.*

Grand Dieu ! Quel est ce bruit ?

(Les deux clercs se lèvent).

BENJAMIN

Madame... c'est ce monsieur...

URSULE

Comment ?... Ce cher Maître était là et vous ne le disiez pas... Ah ! cher Maître, que je suis heureuse de vous revoir.

GRAPPINOT, méfiant.

Vraiment... Vous m'étonnez...

URSULE

Oh ! le méchant... pourquoi cela ?

GRAPPINOT

Dame ! mon ministère ne plaît pas à tout le monde.

URSULE

Qu'importe le ministère... Ça dure si peu... Vous me plaisez... vous... c'est le principal...

GRAPPINOT

Très flatté... Madame... mais...

URSULE

Oh ! je vous en prie... ne gâtez pas le plaisir que j'éprouve à vous voir... et ces messieurs... ce sont de vos amis, sans doute... présentez-les moi donc...

GRAPPINOT

Ce sont mes clercs... Madame.

URSULE

Ils sont charmants... Quelle distinction.

BENJAMIN, *à part.*

Elle se fiche de leur poire.

GRAPPINOT, *les présentant.*

Monsieur Moulassier… Monsieur Trimardon…

(Ils saluent gauchement).

URSULE

Enchantée… Messieurs… enchantée.

MOULASSIER

Nous aussi, Madame… *(A part.)* Epatante !

URSULE

Je suis sûre que ces messieurs accepteraient volontiers une tasse de thé… Il fait si froid.

MOULASSIER

Ma foi, ce n'est pas de refus.

TRIMARDON

Moi… je marche…

GRAPPINOT, *aux clercs.*

Eh bien ! ne vous gênez plus… *(A Ursule.)* C'est inutile, Madame Bournichon, nous sommes pressés… très pressés…

URSULE

Oh ! mon cher Maître… ne me refusez pas ça… C'est si peu de chose… Je vais appeler…

GRAPPINOT

Mais non... mais non...

URSULE

Mais si... mais si... *(A Benjamin.)* Benjamin, envoyez-moi ces demoiselles et apportez du thé et des gâteaux.

BENJAMIN

J'y vole... patronne... j'y vole...

(Il sort).

MOULASSIER, *bas, à Trimardon.*

Dis donc, Trimardon... Y a des petites femmes...

TRIMARDON, *même jeu.*

On va faire son choix.... Chouette !...

GRAPPINOT

Encore une fois, chère Madame, je ne viens pas pour prendre du thé et manger des gâteaux... Je viens pour saisir... en vertu de l'article...

URSULE

Je sais... je sais... C'est entendu... Tout à l'heure, vous saisirez tout ce que vous voudrez... *(Les demoiselles rentrent.)* Tenez, cher Maître, voici ces demoiselles...

SCÈNE VI

LES MÊMES, AGLAÉ, EMMA, CLAIRE, JEANNE, ALICE, puis BENJAMIN

URSULE, *chantant.*

Air : Refrain de la *Marche des Ouvrières.*

Allons, mes couturières,
Gentilles ouvrières,
Venez tout's promptement
Saluer ces messieurs charmants.

LES OUVRIÈRES

Ecoutons la patronne
Et puisqu'elle nous l'ordonne,
Faisons à ces messieurs
Notre salut le plus gracieux.

(Révérences et saluts réciproques).

URSULE

Cher Maître !... Messieurs !... je vous présente mes chères collaboratrices... d'abord, Mademoiselle Aglaé Tremplin, ma première.

(Salutations).

MOULASSIER, *à Trimardon.*

Voilà un tremplin qui doit rebondir.

URSULE

Puis Mesdemoiselles Emma, ma seconde *(Saluts)*, Claire Vaux *(Saluts)*, Jeanne Hosepas *(Saluts)*, et enfin Alice Moifaire.

TRIMARDON, *ébahi*.

Alice Moifaire.

GRAPPINOT

Ces demoiselles sont charmantes... Je me plais à le reconnaître.

AGLAÉ

Oh ! Monsieur... vous nous comblez...

EMMA

Notre vœu le plus cher est de vous plaire.

TRIMARDON, *bas, à Moulassier*.

Oh ! mon vieux Moulassier... retiens-moi, ou je l'embrasse.

MOULASSIER, *bas, à Trimardon*.

J'ai bien assez de me retenir, moi-même...

URSULE

Allons, mes chéries... prenez place près de ces messieurs.. et causons... *(Benjamin entre avec un plateau.)* Ah ! voici le thé... Mademoiselle Aglaé, en votre qualité de première... faites les honneurs... je vous prie.

GRAPPINOT, *se défendant*.

Vraiment, Madame, c'est trop d'amabilité... Vous me faites oublier que je suis pressé... je ne dois pas accepter... j'ai d'autres exploits à signifier.

MOULASSIER

Mais non, patron... rien ne presse... nous avons jusqu'à demain.

GRAPPINOT, *à part.*

Quelle moule !...

URSULE

Ah! vous voyez... Rien ne presse... Allons !... allons !
mettez-vous là, près de moi... *(Elle le fait asseoir sur le
canapé.)* Allons ! Mesdemoiselles, soyez aimables avec ces
messieurs...

*(Moulassier s'assied au premier plan entre Emma et Claire...
Trimardon en fait autant entre Jeanne et Alice).*

TRIMARDON, *regardant Alice.*

Alice Moifaire !...

(Il soupire).

ALICE, *bas, à Trimardon.*

Tu es gentil tout plein... *(Elle lui passe la main dans
les cheveux.)* Oh ! oh ! les beaux cheveux !...

*(Moulassier et Trimardon font des grimaces de jubilation Jeu
de scène sur toute la ligne, pendant ce temps Benjamin et Aglaé
préparent le thé. Aglaé tire une fiole de sa poche, la regarde et
en verse dans trois tasses).*

BENJAMIN, *bas, à Aglaé.*

Qu'est-ce que c'est que ça ?

AGLAÉ, *bas, à Benjamin.*

Tais-toi... c'est pour leur faire faire dodo... *(Elle ap-
porte une tasse à Grappinot.)* Monsieur !...

GRAPPINOT

Mademoiselle !... *(Il prend la tasse, à part.)* Cristi ! la
belle fille !...

BENJAMIN, *présentant le plateau.*

Bonbons, nougat, pastilles de menthe... La Valence...
(*Saluant.*) Monsieur !...

(*Grappinot prend un gâteau*).

URSULE

Vous ferez bien une petite trempette, cher Monsieur Grappinot... Je vous recommande mes petits beurres.

GRAPPINOT

Vous êtes si aimable... Ah ! ma foi, tant pis, je me laisse
faire.

(*Il reprend un gâteau*).

URSULE

Et allez donc !... Vous avez bien le temps d'instrumen-
ter...

(*Pendant ce temps, Aglaé porte une tasse à Moulassier et une
autre à Trimardon*).

MOULASSIER, *bêtement.*

Oh ! oh ! Mademoiselle Tremplin... cette tasse est comme
vous... pleine... de bon thé...

TOUTES, *riant.*

Ah ! ah ! ah ! Charmant ! délicieux !...

(*Benjamin leur passe des tasses et des gâteaux*).

AGLAÉ, *à Moulassier.*

Monsieur est plein... d'esprit...

(*Alice présente des gâteaux à Trimardon*).

TRIMARDON

Oh ! Mademoiselle... un biscuit de vous... c'est trop de bonheur !

ALICE

On n'est pas plus galant ! *(A part)* Fourneau, va !

(Tout le monde cause, les demoiselles cajolent les clercs et leur font manger des biscuits. Jeu de scène).

URSULE, *à Grappinot.*

Je veux maintenant vous faire goûter un élixir divin *(à Aglaé)*, ma chère Aglaé, passez-moi donc la crême de Cythère.

AGLAÉ

Voilà, Madame. *(Elle prend un flacon, s'assied à côté de Grappinot et lui verse dans sa tasse).* Connaissez-vous ça, la crême de Cythère ?

GRAPPINOT, *la regardant amoureusement.*

Non, ma toute belle.

AGLAÉ

C'est une crême que l'on extrait d'un fruit indien que l'on appelle... la Rondibé de la Radada, une liqueur favorite des Radjahs.

GRAPPINOT

La Rondibé de la Radada... Connais pas... *(Arrêtant Aglaé).* Doucement... doucement... vous allez me griser...

URSULE, *câline.*

Ne craignez rien... Cette liqueur est inoffensive... de plus, elle possède des propriétés merveilleuses.

GRAPPINOT

Vraiment? Voyons ça ! *(Il boit).* Oh! délicieux ! quelle finesse... Quel arôme !

MOULASSIER, *à Aglaé.*

Mademoiselle... un peu de Rondibé de la Radada.

AGLAÉ

Voilà ! voilà ! Monsieur Moulassier ! *(Elle verse à Moulassier, s'adressant à Trimardon).* Et vous, cher Monsieur Trimardon ?

TRIMARDON

Moi ? Plutôt deux fois qu'une. *(Aglaé lui verse à boire).*

MOULASSIER, *qui a bu.*

C'est une liqueur épatante !

TRIMARDON, *qui a bu.*

Ça... c'est de l'amour en bouteille !

URSULE, *à Grappinot.*

Encore un peu... Un petit peu...

GRAPPINOT

Avec plaisir ! *(Aglaé verse, il boit)* Ça vous réchauffe le cœur !

MOULASSIER ET TRIMARDON

(Tendant leur verre.) Une deuxième tournée de Rondibé de la Radada !

ALICE

Mademoiselle Aglaé... la liqueur pour ces messieurs, s'il vous plaît.

AGLAÉ

Voilà ! voilà !

(Elle verse à boire).

GRAPPINOT, *s'échauffant.*

Dites donc, vous autres, ne buvez pas tout, hein ? Cristi ! que c'est bon !... Ça me rend tout guilleret... *(Chantant.)* Ah ! verse ! verse ! verse encore !... *(Aglaé lui verse de nouveau, il se lève et s'adressant à Ursule.)* Je bois à votre santé, chère Madame... à votre santé, mesdemoiselles... je bois au plaisir... Je bois à l'amour !...

(Il boit et se rassied).

AGLAÉ, *bas, à Benjamin.*

Ça y est, le tour est joué.

BENJAMIN, *bas, à Aglaé.*

Ça pas été long. *(Prenant son plateau, offrant de nouveau.)* Bonbons. Nougat. Pastilles à la menthe. La Valence... Dix minutes d'entr'acte !...

EMMA, *à Moulassier.*

Alors ! vous nous trouvez gentilles ?...

MOULASSIER, *bafouillant.*

Si... je vous trouve... mais je vous adore...

(Il embrasse Emma et Claire).

JEANNE, *à Trimardon.*

Et bien !... et vous ?...

TRIMARDON, *bafouillant.*

Ah ! taisèz-vous... ou je vous tutoie...

(Il l'embrasse).

ALICE

Gros polisson !... Eh bien !... Et moi ?...

TRIMARDON, *la regardant.*

Toi ?... Oh ! Alice Moifaire !..

ALICE

Tu ne me mépriseras pas, dis.

TRIMARDON

Moi ?... Si vous voulez... je vous épouse toutes les deux.

TOUTES, *riant.*

Ah ! ah ! ah ! Sont-ils gentils !...

URSULE, *à Grappinot qui paraît songeur.*

Eh bien ! mon cher Maître... A quoi pensez-vous donc ?...

GRAPPINOT, *bafouillant.*

Je pense à vous, chère Madame Baunichon... non... non... Bournichon... Je pense que vous êtes une femme adorable... divine... et que je vous ai bien méconnue. *(Pleurnichant.)* Ah ! pardonnez-moi.

(Pendant le colloque suivant, Benjamin ramasse les tasses).

URSULE, *à part.*

Il a l'ivresse tendre... chouette ! (*Haut*). Mais je n'ai rien à vous pardonner, cher ami... et si vous pouviez lire dans mon cœur .. ce n'est pas de la haine que vous trouveriez...

GRAPPINOT

Ciel !.. Qu'avez-vous dit ? Il se pourrait ?

(Il veut l'embrasser).

URSULE, *bas.*

Chut ! Nous ne sommes pas seuls... Attendez un peu... (*haut*), Mesdemoiselles, je songe que ces Messieurs ne seraient peut-être pas fâchés de se dégourdir les jambes... Faites-leur donc visiter la maison, les magasins, les salons, les boudoirs...

MOULASSIER, *gris.*

Oh ! oui... les boudoirs !..

TRIMARDON, *gris.*

Et puis, les chambres !..

EMMA

C'est une idée... nous allons vous montrer tous les coins...

JEANNE

Et les recoins...

CLAIRE

Nous jouerons à cache-cache.

URSULE

C'est ça, mes enfants... Amusez-vous...

(Benjamin prend Aglaé par la taille. Emma et Claire soutiennent Moulassier. Jeanne et Alice soutiennent Trimardon).

ENSEMBLE

Air du refrain de *Boudeuse*.

Enlaçons les tailles, les tailles rondes,
Aimons follement les brunes, les blondes,
Et qu'étroitement tous les huit enlacés,
Tout s'envole dans l'ivresse et les baisers.

(Ils sortent par la gauche en reprenant le chœur).

SCÈNE VII

URSULE, GRAPPINOT

GRAPPINOT, *gris*.

Enfin !.. seuls !

URSULE, *minaudant*.

Voici, mon cher !.. Ah ! j'ai peur. *(Elle se serre contre lui)*.

GRAPPINOT

Peur !.. Quand je vous serre dans mes bras... quand je vous... quand je te... Ah ! ange adoré... laisse-moi te tutoyer ?

URSULE, *à part*.

Il est gris... *(Haut)* Oh ! oui... j'ai peur... peur de trop vous aimer, monstre !

GRAPPINOT

Ainsi, c'est donc vrai… tu m'aimes… et moi qui ne voyais rien… rien… rien !

URSULE

L'amour est aveugle.

GRAPPINOT

Tu me compares à l'amour. *(Il l'enlace).* Eh bien ! t'en as un œil.

COUPLETS

Air : *Adèle t'es belle.*

GRAPPINOT

Viens, Ursule, mon gentil tendron,
Dans mes bras faire ton ron ron.
Tes doux aveux m'ont rendu fou,
Je veux t'embrasser sur le cou ;
Le bonheur, ainsi qu'un printemps,
Pour t'aimer, me rend mes vingt ans.
Et pour te prouver mon ardeur,
Je veux te presser sur mon cœur.

REFRAIN

Ursule,
Je brûle.
Laiss' moi contempler tes nichons,
C'est grave,
J'en bave.
Quand j' vois tes p'tits yeux polissons.

URSULE

Contemple tout, mon gros chienchien,
C'est pour toi, ça n' te coûtera rien,
Et même si ça te fait plaisir
Tous les jours tu pourras r'venir ;
Tu dormiras sur mes nichons,
Et si ça te rend folichon
T'auras pas besoin d' te gêner,
Sans craint' tu pourras t' régaler.

REFRAIN

Oh ! Nésime,
J' t'estime.
T'es bâti comm' un Apollon
Chère âme
Je t'âme,
Et j' gobe ton p'tit nez polisson.

GRAPPINOT, *la prenant dans ses bras.*

Et moi qui voulais te saisir.

URSULE

Mais c'est bien ce que tu fais, gros méchant !

GRAPPINOT

Oh ! laisse-moi saisir tout… tout… tout…

URSULE, *l'embrassant.*

Gourmand !…

(*Elle le prend par le cou et lui appuie la tête sur son épaule*).

GRAPPINOT, *soupirant.*

Oh ! voui, va !…

URSULE, *lui passant la main dans les cheveux.*

Laisse errer mes doigts dans ta chevelure soyeuse... que tu serais beau, si tu étais bouclé.

GRAPPINOT

Je me ferais friser.... pour te plaire....

URSULE

Non, mon gros coco.... je ne veux pas qu'une main mercenaire touche à ta tête... Attends, je vais te faire des papillottes.

GRAPPINOT

Oh ! amour ! amour !

URSULE, *ouvrant la serviette qui est restée sur la table.*

J'ai là du papier *(A part)* timbré. *(Haut.)* Appuie ta jolie tête sur mon cœur.... là...

(Elle lui fait des papillottes avec les papiers timbrés).

GRAPPINOT, *soupirant.*

Ah ! continue.... il me semble que mon âme s'envole dans un rêve.... un doux rêve... d'amour... oh ! amour... a...mour...

(Il s'endort).

URSULE, *le regardant et se dégageant.*

Il dort.... ça y est.... le narcotique a fait son effet.... Les autres doivent être dans le même état... Ouf !... Eh bien ! il en faudrait un culot pour aimer un pareil singe... *(Elle se lève.)* Ah ! ce qu'il a marché, tout de même, mais ne perdons pas de temps... et en avant pour le grand coup.

(Elle sonne).

SCÈNE VIII

LES MÊMES, BENJAMIN

BENJAMIN, *entrant avec des pots de couleur, un manteau et une coiffure de sauvage.*

Madame a sonné?...

ursule

Oui... le sujet est à point... et les autres ?...

benjamin

Idem... Ils roupillent dans le salon.

ursule

Parfait... on les réveillera, tout à l'heure.

benjamin

En attendant... voilà les bibelots.

ursule

Bien... Vous savez ce qu'il vous reste à faire ?

benjamin

Parfaitement. Mademoiselle Aglaé m'a infiltré ça... J'en rigole encore.

URSULE

Vous rigolerez encore plus, tout à l'heure. Dépêchez-vous et tâchez de le rendre hideux.

BENJAMIN

Ça ne sera pas bien difficile... Il n'est déjà pas beau...

URSULE

Allons, à la besogne... Moi, je cours m'habiller...

BENJAMIN

Soyez tranquille, patronne .. ça va être épatant. Quand il se réveillera... il ne se reconnaîtra pas lui-même.

(Ursule sort en riant).

SCÈNE IX

GRAPPINOT endormi, BENJAMIN

BENJAMIN

(Crescendo.) Ah ! Ah ! Ah ! Ah ! A nous deux maintenant, monsieur le bazardeur de frusques... Ah ! tu viens embêter les femmes, toi... attends. *(Il prend ses couleurs et peint la figure de Grappinot en sauvage.)* Puisque tu te conduis comme un Peau-Rouge, c'est bien le moins que tu en aies la couleur et le costume !...

(Il lui met une couronne de plumes, des anneaux aux oreilles et un grand manteau de chef indien, puis il se recule pour le regarder et éclate de rire en chantant).

Oh ! la ! la ! c'te gueule ! c'te binette !... Ah ! mon cochon...

c'que t'es vilain... Quel dommage que l'Exposition soit finie...
mais j'entends les autres... attention...

(Il range les chaises autour de la scène contre les décors).

SCÈNE X

LES MÊMES, URSULE, AGLAÉ, EMMA, CLAIRE, ALICE

*(Elles entrent déguisées en almées avec des instruments algé-
riens).*

URSULE, *à Benjamin.*

Est-ce fait ?

BENJAMIN, *montrant Grappinot.*

Voyez le tableau !

(Eclat de rire général).

URSULE

Oh ! la ! la ! Quel remède !...

AGLAÉ

Quelle horreur !

EMMA

Hou ! l'affreux !...

CLAIRE

Quelle tête à massacre !...

JEANNE

Moi, je ne regarde pas... ça ferait tourner mon lait.

URSULE

Assez de blagues... A vos postes et attention... Je le réveille...

AGLAÉ

Mais, s'il s'aperçoit...

URSULE

Impossible, mes petites chattes .. En plus du narcotique qui l'abrutit... il est gris comme un polonais... il ne se souviendra de rien... Vous, Benjamin, allez vous préparer... et au bon moment... V'lan !... la grande scène...

BENJAMIN

C'est compris .. on y va... Ah! enlevons toujours ça...

(Il prend les plateaux et les pots de couleurs et sort).

SCÈNE XI

LES MÊMES, moins BENJAMIN

URSULE

Pour ajouter à l'illusion, remplaçons d'abord la lumière du jour par celle du soir. (*Elle ferme les rideaux des fenêtres et on allume les candélabres.*) Ça le déroutera davantage... maintenant... attention, je commence...

(Les ouvrières se placent en cercle en face de Grappinot, Ursule lui passe un flacon sous le nez, il sursaute, se frotte les yeux et s'éveille complètement ahuri).

(Pendant ce temps, deux ouvrières jouent du tambourin, les autres font la danse du ventre).

CHŒUR

Air connu : Trabadja la moukère.

Admira la moukère
Qui n'a rien de faux,
Par devant comm' par derrière,
Kif kif bourriquot !
Aya, Chouya, Barca,
Bouffarik et Maskara !
You ! You ! You ! You ! You ! You !

GRAPPINOT, écarquillant les yeux.

Ah ! ça... Où suis-je ?...

URSULE, s'avançant et se prosternant.

Seigneur !... Tu es dans le Paradis de Mahomet... et tes servantes attendent tes sourires.

GRAPPINOT, se tâtant.

Qu'est-ce que vous me chantez-là... Est-ce que je rêve !...

URSULE

Ne cherche plus ton enveloppe matérielle... elle est restée sur la terre... Ton esprit seul est parmi nous.

GRAPPINOT, affolé.

Pas possible... je perds la boule.

URSULE

Ton âme s'est envolée subitement... et le Paradis instruit de tes mœurs lubriques et déréglées t'a ouvert ses portes.

GRAPPINOT, *effaré.*

Mais alors... je suis mort ?...

AGLAÉ

Tout ce qu'il y a de plus mort... seigneur... et nous sommes chargées de te rendre agréable le séjour des bienheureux.

EMMA, *lui présentant une pipe.*

Prends ce chibouk que ta servante a bourré pour toi !...

JEANNE, *lui présentant une cassolette.*

Daigne aspirer ces parfums délicieux.

CLAIRE

Notre seigneur veut-il que nous dansions pour le distraire ?

ALICE

Ou préfère-t-il réchauffer ses pieds sur mon sein ?

GRAPPINOT

Nom d'un protêt... Mais ça n'a pas l'air désagréable du tout, ce métier-là !... Si j'avais su... c'est moi qui serais mort... plus tôt. Oui... oui... mes chéries !... Je veux tout ce que vous voudrez... Chantez... dansez... Amusez-moi... (*A Ursule.*) Toi, la grosse... viens près de moi, tu seras ma favorite.

URSULE

Alors, seigneur, lance-moi ton mouchoir...

GRAPPINOT

Mon mouchoir... *(Il se fouille.)* Voilà ! *(Il lui jette son mouchoir.)* Et en avant la musique !...

(Ursule s'assied près de lui sur le canapé. Alice et Jeanne font la danse du ventre pendant que les autres jouent du tambourin et chantent).

REPRISE DU CHŒUR

(A la fin du chœur, on entend dans la coulisse un coup de tam-tam, et Benjamin paraît déguisé en Turc).

SCÈNE XII

LES MÊMES, plus BENJAMIN

BENJAMIN, *levant les bras.*

Profanation ! Qu'est-ce que je vois ?...

URSULE, *se levant.*

Ciel !... le prophète Mahomet !... *(Elle se prosterne, toutes l'imitent, moins Grappinot.)* Seigneur... c'est le nouvel élu !...

(Elle désigne Grappinot).

BENJAMIN

Quoi... ce vieux singe...

GRAPPINOT, *tirant Ursule par la manche.*

Dis donc, c'est Mahomet, ce type-là ?

URSULE, *bas.*

Oui... prosterne-toi devant lui...

GRAPPINOT, *se levant.*

Monsieur le prophète... (*Il trébuche et tombe.*) Bon, voilà
que je me prosterne aussi.

BENJAMIN

Que fais-tu dans ce sanctuaire, misérable ?...

GRAPPINOT, *à part.*

Il n'est pas poli, le prophète... (*Haut.*) Dame ! vous
voyez... je m'amuse...

BENJAMIN

Qui t'a permis d'entrer ?...

GRAPPINOT

Ah ! ça... je n'en sais rien... Je me suis réveillé mort.

BENJAMIN

On t'a admis par erreur... Dans mon paradis, toutes les
délices viennent des femmes... et celui qui a fait souffrir la
femme sur terre, n'a pas le droit d'entrer ici... or, toi, au
moment où la mort a tranché ta vilaine existence, tu étais
en train de poursuivre une pauvre femme sans défense... ta
place est en enfer.

GRAPPINOT

Grâce !... Je ne le ferai plus... Laissez-moi rester ici.

BENJAMIN

Je vais réunir le Grand Conseil qui va statuer sur ton
sort... Quant à vous, folles almées, allez porter vos chants,
vos danses et vos faveurs à de plus dignes.

TOUTES

Nous obéissons... Seigneur !

(Elles sortent.)

URSULE, *en sortant.*

Allons réveiller les deux autres.

BENJAMIN, *à Grappinot.*

Toi, tu vas rester ici et attendre la décision du Grand Conseil.

GRAPPINOT, *tremblant.*

Oui, Monsieur Mahomet.

BENJAMIN

Je te préviens, en outre... qu'à la moindre tentative de fuite ou de rébellion, tu seras plongé, pour toujours, dans les flammes éternelles !

GRAPPINOT

Mais... c'est de l'arbitraire... je proteste...

BENJAMIN

Tu oses élever la voix chez moi !

(Il fait le geste de le foudroyer. Grappinot tombe prosterné. Benjamin sort).

SCÈNE XIII

GRAPPINOT, puis MOULASSIER, TRIMARDON

GRAPPINOT, *se relevant, à genoux.*

Oh ! ma tête !... ma tête !... *(Il tâte sa couronne de plumes.)* Oh ! j'en ai les cheveux tout hérissés... Qu'est-ce que je vais devenir ?

(Moulassier et Trimardon, bras dessus bras dessous, rentrent à gauche. Moulassier a la figure blanche et Trimardon la figure noire, ils titubent).

MOULASSIER

Eh ! ah ! les gosses ?... Où sont-elles passées ?...

TRIMARDON

J'en sais rien... Mais dis donc, nous avons dormi.

MOULASSIER

Je ne sais pas... Ce que je sais... c'est que j'ai bien mal à la tête.

TRIMARDON

Ça se voit... tu es tout pâle !...

MOULASSIER

C'est pas comme toi... on dirait qu'on a réveillé le nègre.

TRIMARDON

C'est que j'ai des idées noires. *(Apercevant Grappinot et reculant.)* Oh ! Regarde donc... là... là... un... sauvage !

GRAPPINOT, *relevant la tête et les apercevant.*

Tiens, le boulanger et le charbonnier de Mahomet.

MOULASSIER, *le regardant.*

Oh ! la ! la ! c'est vilain ces bêtes-là !...

TRIMARDON

Mon vieux... tu sais... tu en as une sale gueule !

GRAPPINOT, *se relevant.*

Dites donc... vous ne vous êtes pas regardé.

MOULASSIER

De quoi !... de quoi !...

GRAPPINOT, *les regardant.*

Mais, c'est singulier... attendez... je vous connais... On dirait... Mais oui... Moulassier... Trimardon !

TRIMARDON, *éclatant de rire.*

Cette voix... mais c'est le patron... Tu ne vois donc pas ?

MOULASSIER

Le patron ?... En sauvage ?

GRAPPINOT, *ahuri.*

Moi... en sauvage ?

TRIMARDON

Regardez-vous donc... dans la glace...

GRAPPINOT

Regardez-vous donc vous-mêmes... (*Ils se regardent et poussent un cri.*) Ah ! ce que la mort vous change tout de même.

MOULASSIER

Comment... la mort.

GRAPPINOT

Bien sûr... Je suis mort subitement et je me suis réveillé dans le Paradis de Mahomet... Et vous ?

TRIMARDON, *bas à Moulassier.*

Je crois qu'il est fou...

MOULASSIER, *à Trimardon.*

Il y a de ça... sûrement...

GRAPPINOT

Vous devez être morts aussi... puisque nous sommes ensemble.

MOULASSIER, *poussant un cri.*

Ah ! mon Dieu !... si c'était vrai !...

(*Il se tâte*).

TRIMARDON

Tais-toi... tu me fiches le trac...

(*Il se tâte*).

GRAPPINOT

J'ai vu Mahomet comme je vous vois... j'attends sa décision... il va revenir... (*Coup de tonnerre.*) Tenez, le voilà qui se fâche...

(*Nouveau coup de tonnerre, tous trois tombent prosternés*).

SCÈNE XIV

LES MÊMES, plus URSULE, AGLAÉ, EMMA, CLAIRE, JEANNE, ALICE.

(*Elles entrent à pas de loup, en grandes robes blanches, couronnes blanches, des ailes si l'on veut, et montent sur des chaises disposées au fond de manière à former un demi-cercle autour des trois hommes. Au moment de leur entrée, on peut aussi faire l'obscurité en même temps que les coups de tonnerre et rallumer insensiblement quand elles commencent à chanter*).

CHŒUR

Air : *Noël d'Adam.*

Tremblez, crétins, c'est l'heure solennelle,
Où Mahomet va venir parmi vous,
Pour prononcer la sentence éternelle
Qui doit s'abattre ici sur vos cailloux.
Le paradis recule d'épouvante
A votre aspect qui soulève le cœur,
Inclinez donc vos têtes répugnantes
D'Islam, d'Islam, voici le grand seigneur.

(*Pendant ce chœur, tous trois se relèvent peu à peu et expriment la stupéfaction*).

GRAPPINOT

Des anges, à présent... la voilà bien la concurrence.

MOULASSIER

Comment, des anges... mais alors, c'est donc vrai ?...

TRIMARDON, *avec désespoir.*

Nous sommes défunts !...

(Nouveau coup de tonnerre. Benjamin paraît en Turc).

SCÈNE XV

LES MÊMES, BENJAMIN

GRAPPINOT, *aux deux clercs.*

Silence !... voilà Mahomet.

(Ils se blottissent l'un contre l'autre).

BENJAMIN, *à Grappinot.*

Le Grand Conseil a rendu sa sentence... Vous jugeant indigne de figurer dans mon paradis, il s'est adressé à l'établissement voisin, pour solliciter votre admission... Ces séraphins nous apportent la réponse... Parle, ange Gabriel...

URSULE

Seigneur, ma réponse sera brève... Saint Pierre a donné l'ordre de lâcher les chiens si ces mécréants se présentaient.

GRAPPINOT, *effaré*.

Mais alors ?...

BENJAMIN

Il ne reste que deux solutions. . aller en enfer...

GRAPPINOT, *frissonnant*.

Brrrrr...

BENJAMIN

Ou bien... être précipité sur la terre...

GRAPPINOT, MOULASSIER, TRIMARDON

Oh ! la terre... Monsieur Mahomet.

BENJAMIN

Soit ! Mais si je vous renvoie sur la terre... vous allez encore persécuter cette pauvre madame Bournichon... cette innocente victime.

GRAPPINOT

Non, jamais... je le jure !

BENJAMIN

Ta parole ne me suffit. . J'exige une garantie... sinon, l'enfer !...

GRAPPINOT

Oui, oui, tout ce que vous voudrez... mais pas l'enfer.

BENJAMIN

Eh bien, tiens... mets-toi là et écris un reçu pour solde de tout compte.

GRAPPINOT

Avec plaisir... (*Il écrit. Tendant le papier.*) Voilà !

BENJAMIN, *prenant le papier.*

Vérifions !.. (*Après avoir lu.*) C'est juste. Je le ferai parvenir à son adresse. Maintenant, je vais vous rendre à la vie... respirez ceci.

(*Il leur tend un flacon qu'ils respirent*).

GRAPPINOT, *se frottant les yeux.*

Oh ! c'est singulier, ce que j'éprouve... il me semble que je m'éveille !...

MOULASSIER, *même jeu.*

Moi aussi, patron.

TRIMARDON, *idem.*

Ah ! ce que j'ai mal aux cheveux !...

GRAPPINOT

Nous étions donc ivres ?

URSULE

Comme des polonais... tout au plus...

(*Elle éclate de rire*).

GRAPPINOT, *la regardant.*

Mais... je ne me trompe pas... l'ange Gabriel, c'est madame Bournichon... et ces demoiselles en séraphins... Ah ! Ah ! quelle est cette comédie ?.. Ah ! j'y suis... Vous avez voulu gagner du temps et éviter la saisie... mais ça ne prend pas, vous savez... et nous allons rattraper le temps perdu.

URSULE, *ironique.*

Oh ! maintenant, mon petit père... il n'y a rien de fait.

BENJAMIN, *lui montrant le reçu.*

Et çà... Maître Gourdet... c'est de l'eau de vaisselle ? (*Tous éclatent de rire*).

GRAPPINOT, *bondissant.*

Ce reçu ne vaut rien, vous me l'avez arraché par ruse. C'est un abus de confiance et je vais porter plainte.

URSULE

A votre aise. Seulement je vous préviens... tout Paris connaîtra votre excursion dans le paradis de Mahomet et je vous promets qu'on ne s'ennuiera pas.

MOULASSIER, *à Grappinot.*

Je crois qu'elle a raison, patron, on va rien se payer nos têtes.

TOUS

Dites vos poires !

TRIMARDON, *à Grappinot.*

Nous serons ridicules !

GRAPPINOT

Tonnerre ! Sacré mille millions de protêts, c'est pourtant vrai ! (*A Ursule*) Allons ! n'en parlons plus, vous m'avez roulé, bien roulé... mais je jure bien que ça ne m'arrivera plus d'accepter quelque chose en saisie.

BENJAMIN

Eh ! allez donc !

LES OUVRIÈRES, *à Ursule*.

Eh ! allez donc, c'est pas notre père !

(Elles jettent leurs robes blanches, apparaissent en corsets et pantalons et sautent à terre, dansent une ronde échevelée autour de Grappinot, Moulassier et Trimardon).

CHŒUR FINAL

Air du refrain de la *Marche des Ouvrières.*

Voilà de quelle manière
Les petit's couturières.
Quand il leur vient des ours
S'en débarrass'nt pour toujours.
Pour sauver la patronne,
La recette était bonne,
Mais maint'nant faut s' trotter
Car c'est fini de rigoler.

RIDEAU

DIJON — IMPRIMERIE RÉGIONALE

www.ingramcontent.com/pod-product-compliance
Lightning Source LLC
Chambersburg PA
CBHW061807050726
47598CB00002B/912